AF242777

ASSOCIATION FRANÇAISE

POUR

L'AVANCEMENT DES SCIENCES

FUSIONNÉE AVEC

L'ASSOCIATION SCIENTIFIQUE DE FRANCE

(Fondée par Le Verrier en 1864)

Reconnues d'utilité publique

CONGRÈS DE LYON

(2-7 Août 1906)

12ᵉ SECTION (SCIENCES MÉDICALES)

Président M. le Professeur TEISSIER

L'IMMUNISATION ANTITUBERCULEUSE

RAPPORT PRÉSENTÉ

Par le Docteur Fernand ARLOING

Ancien Interne des Hôpitaux,
Chef des travaux à l'Institut bactériologique de Lyon.

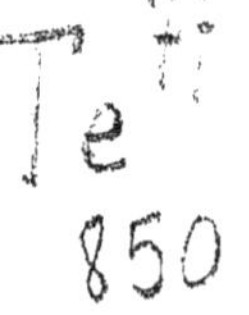

PARIS

AU SECRÉTARIAT DE L'ASSOCIATION

Hôtel des Sociétés savantes

28, RUE SERPENTE, 28

1906

L'IMMUNISATION ANTITUBERCULEUSE

PAR

le Docteur Fernand **ARLOING**

Ancien Interne des Hôpitaux,
Chef des travaux à l'Institut bactériologique de Lyon.

L'âpreté et la continuité des efforts déployés par les chercheurs du monde entier, dans le but de conférer à l'organisme, vis-à-vis de la tuberculose, une immunité active ou passive, ont abouti à l'éclosion d'une si prodigieuse quantité de travaux qu'il serait présomptueux, sinon impossible, d'en tenter une brève revue générale dans un cadre aussi restreint que ce rapport.

Délaissant l'étude des diverses méthodes d'immunisation contre la tuberculose, je me suis systématiquement borné — ce qui m'a semblé plus fructueux — à exposer à la Section quelques points particuliers du chapitre de la Sérothérapie antituberculeuse vers lesquels mon esprit a été spécialement attiré, soit par des recherches personnelles, soit par des travaux ayant vu le jour dans mon entourage immédiat. Je serais heureux de provoquer ainsi une discussion sur des faits qui, par certains côtés, constituent dès maintenant de réelles et sérieuses acquisitions, alors que, par d'autres, ils s'estompent et se perdent dans le flou d'un déterminisme biologique non encore déchiffré.

Au seuil de cette étude, je tiens à adresser à l'éminent Président de la Section, mon Maître, le professeur J. Teissier, mes vifs remerciements de m'avoir confié la rédaction de ce rapport.

*
* *

La démonstration par Behring et Knor, en 1895, de l'existence d'une antituberculine dans le sang des animaux imprégnés expérimentalement par la tuberculine est la base de toute la sérothérapie antituberculeuse.

Cette notion d'antitoxicité fit la fortune de ce filon de la thérapeutique de la tuberculose.

Tous les expérimentateurs s'efforcèrent de douer les sérums qu'ils pré-

parèrent de vertus spécifiques plus actives en variant les substances injec-
tées au sujet producteur de sérum depuis les bacilles virulents ou non,
morts ou vivants, jusqu'aux tuberculines brutes ou partielles.

Maragliano, dont le nom se trouve à la place d'honneur dans cette
question, tant par ses travaux personnels que par ceux de ses élèves, a
insisté sur *l'importance de l'agent excitateur de l'organisme du sujet
fournisseur de sérum.*

Le maître italien attribue les bons résultats donnés par son sérum au
mélange, fait dans de certaines proportions, des diverses toxines tuberculeuses utilisées pour sa préparation.

Etant donné que l'antitoxine est un produit de réaction dont les qualités
sont liées, plus ou moins étroitement, aux substances qui en ont amené
la formation, il me semble rationnel et légitime de tenter de varier à
l'infini les agents provocateurs de la réaction organique dans l'espoir de
découvrir un jour celui qui donnera un sérum plus antitoxique et même
plus antimicrobien que ceux obtenus jusqu'à présent. Ces excitateurs
seront ou les produits abandonnés dans les cultures par les diverses
variétés de bacilles tuberculeux, ou les extraits de ces bacilles, ou les
bacilles eux-mêmes, ou encore les substances élaborées à un second
degré par les cellules d'un organisme tuberculisé ou tuberculiné.

Rodet et Rimbaud, à Montpellier, se sont essayés avec un certain
succès dans cette voie.

Elle touche, par certains côtés, à la notion de l'immunité spécifique
localisée dans les tissus, dont notre savant co-rapporteur, le professeur
Rappin, s'est fait le champion.

Le choix, enfin, de la *voie d'introduction* dans l'organisme des matières
immunisatrices ne devra pas laisser les chercheurs indifférents. Les
injections sous-cutanées et intra-veineuses sont les plus ordinairement
employées.

Figari a développé dans le sang des animaux des antitoxines tuberculeuses, des agglutinines et des anticorps spécifiques, en administrant de
l'antitoxine par le tube digestif.

Soit dit en passant, cet auteur a étendu l'usage de la voie digestive à la
cure antituberculeuse chez l'homme, en lui faisant absorber, soit de l'antitoxine pure, soit un mélange particulier de celle-ci, appelé hémoanti-
toxine.

Les diverses substances antitoxiques spécifiques, produites au cours de
l'immunisation, ne se trouvent pas en totalité dans le sérum ; une partie
reste liée aux éléments figurés du sang. Les différentes sécrétions d'un
organisme immunisé (lait, urine) sont aussi, quoique plus faiblement,
antitoxiques.

Les *animaux producteurs de sérum* ont été empruntés aux mammifères
domestiques ou de laboratoire et aux oiseaux. L'utilisation de sujets
possédant une certaine résistance naturelle à l'infection tuberculeuse n'a
pas donné des résultats spécialement favorables.

La grande diversité des moyens employés pour obtenir des sérums
antituberculeux a engagé S. Arloing et L. Guinard à se faire une opinion
personnelle sur ce point.

Ils ont inoculé, sous la peau de six chèvres, pendant dix mois et à des
doses croissantes, diverses substances.

Mais avant d'entrer dans le détail de leurs expériences et d'indiquer la *valeur antitoxique des sérums* obtenus, je crois utile de parler du *mode d'appréciation* de ce pouvoir antitoxique.

De grandes divergences se sont élevées entre les expérimentateurs. Suivant les conditions de l'expérience, un même sérum semblait très antitoxique ou, au contraire, absolument indifférent.

J'ai eu l'occasion de constater qu'un sérum, provenant de l'Institut de Gênes, n'avait pas donné dans mes mains, à Lyon, les bons résultats que j'étais en droit d'en attendre. Plus tard, expérimentant moi-même, à Gênes, sous la direction du professeur Maragliano, que je suis heureux de remercier ici de son accueil, je trouvai un sérum, ayant même origine, parfaitement antitoxique. La cause de cette différence repose sur ce qu'à Lyon je l'avais essayé sur des cobayes tuberculeux, à Gênes, sur des cobayes sains.

Il est, en effet, très difficile de trouver des cobayes tuberculeux, dont l'infection ne soit ni trop avancée, ni trop débutante; de plus, la susceptibilité du sujet tuberculeux à la tuberculine semble excessivement variable.

Il faut donc, *doser la puissance antitoxique* du sérum vis-à-vis de la tuberculine sur le cobaye sain, et prendre, ainsi que l'a proposé Maragliano, comme unité antitoxique (U. A.), la quantité de sérum qui protège 1 kilogramme de cobaye sain contre la dose minimum de tuberculine capable de le tuer.

Il faut toutefois remarquer que de fortes doses de sérum ne peuvent, chez le cobaye sain, neutraliser plusieurs doses mortelles de tuberculine.

Est-ce à dire qu'il soit impossible d'apprécier le pouvoir antitoxique chez des cobayes tuberculeux? Non, certes. On peut, au contraire, très bien le démontrer, et c'est en cela que réside tout l'intérêt de la question.

Mais, lorsqu'il s'agit de doser un sérum, je répète qu'il est plus exact et plus pratique de le faire sur des cobayes sains.

Un autre moyen d'apprécier l'immunisation d'un sujet producteur de sérum antituberculeux, ou encore l'immunité passive transmise par les injections d'antitoxine, c'est d'utiliser la *méthode de la séro-agglutination* des bacilles tuberculeux en cultures homogènes de S. Arloing et P. Courmont.

Sans préjuger de la signification du développement du pouvoir agglutinant dans le sang d'un animal, au cours d'une immunisation quelconque (dans le cas présent, vis-à-vis de la tuberculose), il est pourtant d'observation courante que, généralement, à un pouvoir antitoxique élevé correspond un fort pouvoir agglutinant du sérum.

Je n'entends nullement faire de cette proposition une règle absolue, mais je crois devoir la signaler.

Si l'on rencontre parfois des sérums fortement antitoxiques et faiblement agglutinants, cela me semble lié à une disposition particulière de l'individu.

L'appréciation du pouvoir agglutinant du sérum à l'égard des cultures homogènes de S. Arloing, soit d'un sujet directement immunisé, soit d'un tuberculeux à qui est donné du sérum antitoxique, est donc très intéressante.

L'agglutination est ainsi couramment utilisée, en dehors de tout souci diagnostique, dans les recherches théoriques comme dans les applications cliniques.

Koch, entre autres, à Berlin, a vérifié, par la séro-réaction, les effets du traitement toxinothérapique avec ses diverses tuberculines.

La méthode de S. Arloing et de P. Courmont est aussi pratiquée journellement, à Gênes, par l'Ecole de Maragliano, pour mesurer le degré d'immunisation passive obtenu chez le malade. Ce degré est plus difficilement et plus lentement vérifié au moyen de l'augmentation du pouvoir antitoxique du sérum de l'individu traité. Ces deux moyens ne s'excluent pas l'un l'autre.

Après m'être ainsi expliqué sur les pouvoirs antitoxique et agglutinant des sérums antituberculeux, je reviens à la *valeur comparée de divers sérums* préparés par S. Arloing et L. Guinard.

Ils ont emprunté leurs producteurs à l'espèce caprine qui se montre relativement rebelle à la généralisation viscérale des bacilles inoculés sous la peau.

Après une imprégnation sous-cutanée progressive et continuée pendant dix mois, chez six chèvres, le sérum de la chèvre, inoculée *avec des bacilles de Koch virulents humains*, l'emportait en activité sur les sérums fournis par deux chèvres imprégnées avec la tuberculine brute de l'Institut Pasteur ou la tuberculine brute préparée par les auteurs. Ces deux sérums étaient égaux comme activité.

Comparé au sérum de Maragliano le sérum, formé sous l'influence des inoculations de bacilles, ne s'est montré ni plus ni moins antitoxique.

D'autres sérums, provoqués *par des tuberculines partielles* inoculées à trois autres chèvres, ne possédaient pas au même degré la propriété antitoxique. On peut les ranger dans l'ordre décroissant suivant : 1° sérum de la chèvre imprégnée de bouillon de culture après la précipitation par l'alcool ; 2° sérum produit par injection d'une décoction de bacilles isolés et lavés ; 3° enfin sérum de la chèvre imprégnée avec le précipité alcoolique formé dans un bouillon de culture filtrée.

Je signalerai aussi les tentatives faites par S. Arloing pour produire du sérum antituberculeux en inoculant à la chèvre des *substances médicamenteuses* réputées antituberculeuses.

Lorsque ces médicaments causent cliniquement une amélioration, on peut se demander si le milieu intérieur n'a pas subi quelques modifications. S. Arloing a ainsi administré de la créosote, du gaïacol, de l'eucalyptol en solutions huileuses, de l'acide arsénieux, du sublimé et du sulfate de cuivre.

Ces médicaments ont développé un pouvoir antitoxique léger. Leur efficacité, sous ce rapport, permettrait de les ranger de la manière suivante : gaïacol, créosote, sublimé, acide arsénieux, eucalyptol.

A ces diverses préparations, je pourrais ajouter une liste encore longue de sérums provenant de la vache, de l'âne, du chien, animaux que j'ai imprégnés longuement, soit avec des doses croissantes de cultures de plus en plus virulentes, soit avec de la tuberculine seule ou plus ou moins neutralisée par du sérum antituberculeux, ou enfin *avec des sucs d'organes tuberculeux*, comme ceux fournis par l'infusion dans l'eau de grappes tuberculeuses prélevées chez des bovidés, dans des lésions des séreuses.

En résumé, tous ces sérums ont montré expérimentalement, chez les cobayes sains ou tuberculeux, un pouvoir antitoxique certain, bien que variable en intensité.

Tous ces sérums aussi possédaient, à un degré plus ou moins élevé mais constant, un pouvoir agglutinant oscillant dans des limites très larges depuis P. A $= 1/10^e$ jusqu'à P. A $= 1/250^e$, $1/500^e$, $1/1000^e$ et même $1/2000^e$.

D'une façon générale, on peut dire que les sérums les plus antitoxiques et les plus agglutinants sont ceux provoqués par des injections sous-cutanées de bacilles virulents.

Je m'abstiens de préjuger des sérums que l'on pourra obtenir avec certains principes toxiques retirés de la tuberculine ou des bacilles par des moyens physiques ou chimiques plus délicats que ceux employés jusqu'à ce jour. Cependant, il est à craindre que ces sérums, dont les qualités spéciales auront été produites sous l'influence d'une partie seulement des principes élaborés par les bacilles, ne soient pas opposables à l'ensemble des propriétés nocives des bacilles tuberculeux ; en un mot, qu'à des toxines partielles ne correspondent que des antitoxines partielles.

L'espèce de l'animal producteur semble peu importante.

Je désirerais présenter maintenant les *réflexions* que me suggèrent *certains points de l'application expérimentale ou clinique des sérums antitoxiques.*

Il est certes un peu factice de vouloir étudier séparément l'antitoxicité et le pouvoir antituberculeux au sein d'un organisme tuberculeux. Mais la question est si complexe et si compliquée, que je crois impossible d'agir autrement.

Le pouvoir antitoxique du sérum étant généralement admis comme nettement démontré, il semblerait que l'on doive sauver, à coup sûr, de la mort, des cobayes sains auxquels on inocule une dose minima mortelle de tuberculine neutralisée par le sérum.

Expérimentalement, on peut, ainsi que l'ont vu S. Arloing et A. Descos, chez le cobaye sain, amener la mort de l'animal, à longue échéance, par persistance d'un effet toxique latent attribuable aux *toxines de la tuberculine*, c'est-à-dire à des produits toxiques analogues à ceux qu'Ehrlich, Madsen et Dreyer, Rehns ont montré dans la toxine diphtérique, à côté du noyau toxinique, proprement dit. Il semble donc que *quelque facteur de la toxicité tuberculineuse échappe à l'action antitoxique du sérum* qui s'est pourtant montré efficace contre les effets locaux (absence d'œdème sous-cutané) et contre les effets généraux de la tuberculine (survie longue, état général passable).

C'est là un reproche qu'on peut adresser à la méthode.

Peut-être même faut-il faire entrer en ligne de compte, comme cause obituaire, la *toxicité propre du sérum thérapeutique*. Je reviendrai plus tard sur ce point.

Ce que je viens de rapporter pour des cobayes sains est vrai, toutes choses égales d'ailleurs pour les cobayes tuberculeux sauvés d'un empoisonnement immédiat.

Au cours de l'*évolution clinique de la tuberculose pulmonaire chez l'homme*, on se plaît ordinairement à faire deux parts dans l'ensemble des symptômes. L'une comprend les troubles fonctionnels physiques et mécaniques respiratoires, imputables à la lésion pulmonaire en tant qu'altération anatomique ; l'autre ressortit davantage à l'empoisonnement de l'économie par les toxines bacillaires. On rattache, par exemple, à ces *troubles toxiques* les sueurs des phtisiques, la fièvre, certaines variétés de diarrhée, des modifications variables de l'état général, etc. Il était par conséquent logique d'espérer, sinon effacer du tableau symptomatique, du moins atténuer ces troubles au moyen d'un sérum antitoxique. Et de fait, à ne considérer que ce côté de la question, si l'on collationne les observations si nombreuses recueillies un peu partout, on voit que sous l'influence de la sérothérapie antitoxique bon nombre de tuberculeux au début ont été très améliorés au point de vue des phénomènes en question.

Ayant injecté du sérum que j'avais préparé à certains tuberculeux, dans le service de mon maître, le professeur J. Courmont, lorsque j'y étais interne, et à des malades du sanatorium d'Hauteville (Ain), j'ai constaté des améliorations très réelles des symptômes sudoraux et diarrhéiques, sans pourtant voir de modifications notables de la courbe thermique.

A la vérité, à côté de ces cas favorables, il en est un nombre considérable où la sérothérapie est impuissante à jouer le rôle antitoxique que j'envisage seul pour l'instant.

On a tenté d'expliquer ces *insuccès* en disant qu'ici l'intoxication n'était pas fonction de l'imprégnation du sujet par la tuberculine produite dans des foyers bacillaires purs, que ces foyers étaient le siège d'infections secondaires si actives qu'elles pouvaient à elles seules engendrer une toxémie qui n'avait de tuberculeuse que l'apparence prêtée par le terrain sur lequel elle évoluait.

Dès lors, les antitoxines tuberculeuses du sérum ne peuvent agir, puisqu'elles ne sont plus les antidotes des toxines responsables de tous les désordres.

Ces idées ont peut-être une part de vérité. Elles ont pour elles que de toute évidence le *sérum est, en général, plus actif chez un tuberculeux dont les lésions sont fermées que chez un phtisique aux cavernes infectées.* Mais elles n'éclairent pas les insuccès du sérum chez les malades susceptibles de bénéficier en principe du traitement antitoxique.

En somme, cette explication théorique part d'une *hypothèse* supposée exacte, savoir que *le bacille sécrète dans l'organisme de la tuberculine tout comme il en fabrique dans le bouillon.* Elle fait table rase du malade et de son milieu cellulaire vivant et le réduit à la passivité d'un ballon de culture.

En réalité, chaque individu doit se comporter différemment en face du bacille, et celui-ci doit produire une gamme très variée de poisons ne s'identifiant que rarement avec la tuberculine classique.

J'en veux pour preuve les résultats si opposés obtenus par les auteurs qui ont recherché systématiquement la tuberculine dans les sécrétions ou les tissus des tuberculeux. Les uns ont observé des réactions chez les animaux tuberculeux inoculés avec ces produits et ont conclu à la présence de la tuberculine. Les autres, et je suis heureux de citer l'opinion de mon co-rapporteur le professeur Rappin, ont bien noté des réactions thermiques inconstantes à la suite d'inoculation d'urine ou de lait de tuberculeux, mais n'ont pas assimilé pour cela le principe toxique à la tuberculine. Cette réserve est sage.

S. Arloing et Bancel ont fait des *expériences avec du sang et des sucs d'organes tuberculeux.* Elles sapent fortement la tendance à admettre l'identification du poison qui, chez les tuberculeux, produit des troubles généraux avec la tuberculine dérivant de la végétation dans les milieux artificiels.

D'après eux, le sérum d'une vache tuberculeuse très avancée provoque bien chez des génisses, des ânes, des chiens et des cobayes tuberculisés artificiellement une réaction thermique comme la tuberculine, mais cette réaction est immédiate ou très rapide sans passer par cette période quasi silencieuse de la réaction à la tuberculine, rappelant une sorte d'incubation. Avec du suc de tubercules obtenu par l'infusion de masses tuberculeuses appendues chez la vache à la plèvre ou au péritoine diaphragmatique, on amène une hyperthermie subite à maximum coïncidant avec la première heure après l'injection. La rapidité de la réaction à ce suc et les détails de la courbe thermique la différencient encore de la réaction tuberculineuse.

Enfin, si ces poisons pyrétogènes étaient semblables à la tuberculine, le sérum antitoxique devrait neutraliser leurs effets; or, les mélanges de sérum antituberculeux et des deux humeurs étudiées n'ont rien perdu de leurs propriétés hyperthermisantes immédiates.

J'ai recherché si un sérum très antitoxique *in vitro* exercerait une *influence sur la marche de la température au cours de la tuberculose expérimentale* provoquée chez le chien par des injections de bacilles dans les veines ou dans la plèvre.

Cette tuberculose expérimentale était absolument pure de toute infection surajoutée thermogène. Le sérum n'a pourtant nullement modifié la marche de la température si caractéristique chez le chien dans de telles conditions. J'ai injecté quinze fois du sérum, par doses de 2 centimètres cubes ou de 10 centimètres cubes, en le donnant différemment suivant les cas, tantôt en série, tantôt de façon interrompue, jusqu'à concurrence de 40 centimètres cubes.

Le résultat n'est donc pas conforme à l'hypothèse de *l'identité de la tuberculine et du poison dont souffrent les tuberculeux.*

Malgré quelques restrictions inspirées par certains faits cliniques ou expérimentaux, et dont l'explication me semble pour le moment relever plus de l'hypothèse que de la rigueur scientifique, je me déclare partisan convaincu du pouvoir antitoxique et agglutinant des sérums antituberculeux. Il faut constater pourtant que par certains auteurs cette antitoxicité et ce pouvoir agglutinant sont complètement niés.

D'où proviennent ces insuccès et ces divergences décevantes ?

Faut-il accuser l'organisme producteur du sérum ou l'organisme au sein duquel se doit réaliser la neutralisation du toxique par le sérum ?

Faut-il soupçonner le sérum de contenir quelquefois une certaine quantité de molécules toxiques (toxalbumine ou endotoxine) ou de modifier la tuberculine liquide en lui donnant une grande affinité pour les récepteurs cellulaires? Ceci expliquerait les cas où des animaux ayant reçu un mélange de tuberculine et de sérum antitoxique meurent plus vite que ceux injectés avec de la tuberculine additionnée de sérum normal.

Faut-il enfin accuser les bacilles producteurs des toxines excitatrices?

Il est plausible que certaines variétés de bacilles sécrètent plus de protéine et de toxalbumine, et, par suite, soient plus indiquées comme agents provocateurs d'antitoxine, alors que d'autres variétés créeraient des substances plus spécialement antibacillaires et phagocytaires.

Tout cela est possible, car on sait — et on le voit journellement avec le bacille de Loeffler par exemple — que virulence et pouvoir toxinogène ne sont nullement solidaires.

Je soumets ces faits à la critique de la Section.

*
* *

Je viens d'examiner ce qui, dans la transmission, à un organisme de l'immunité passive, se rapporte à l'antitoxicité conférée par un sérum immunisant antituberculeux.

Pour que le malade puisse triompher des bacilles, cause essentielle de la maladie, il faudrait que le sérum communiquât aussi aux humeurs du sujet traité une *action bactéricide ou bactériolytique*. Je vais envisager maintenant cette face du problème.

Elle n'est pas moins passionnante que celle que nous venons d'examiner, car les résultats les plus contradictoires s'y trouvent en grand nombre.

Je ne peux que résumer et donner l'impression générale qui se dégage de toutes les recherches ayant trait au *pouvoir bactéricide du sérum antituberculeux*.

Lorsque le sérum provient d'un animal immunisé contre un microbe, il possède d'ordinaire *in vitro* et *in vivo* une triple action bactéricide, lysogène et agglutinante très marquée vis-à-vis de ce microbe. Les travaux de Pfeiffer pour le vibrion cholérique, de Dunbar pour le bacille d'Eberth et le pyocyanique, ceux de Max Gruber et Durham, Metchnikoff et Bordet, etc., en font foi.

On a cherché à procurer par l'injection du sérum antituberculeux cette action directe destructive du bacille tuberculeux.

Voici les résultats obtenus quant à *l'action bactéricide du sérum étudiée* in vitro.

Maragliano rapporte que des bacilles ensemencés sur des tubes de sérum de cheval normal, tyndallisé afin de lui faire perdre la bactéricidité qui existe naturellement dans le sérum sanguin, ainsi que l'a démontré Bouchard, donnèrent de belles *cultures*, tandis que les ensemencements sur sérum antituberculeux furent stériles. De plus, en mélangeant bouillon et sérum, il voit que les bouillons auxquels on a ajouté plus de 3o pour 100 de sérum antitoxique ne permettent aucune végétation, alors qu'elle se produit dans un mélange à 8o pour 100 de sérum normal.

Si on émulsionne pendant vingt-quatre heures des bacilles dans du sérum immunisé, ils ne peuvent plus se développer.

J'ai tenté de constater *l'action du sérum antituberculeux* que j'avais préparé *sur des bacilles provenant de cultures homogènes* en bouillon. J'espérais obtenir des effets bactéricides marqués, pensant qu'une fragilité plus grande était dévolue à ces bacilles à évolution biologique spéciale. Je pensais les voir plus facilement mordus par les lysines du sérum.

Les bacilles ayant été agglutinés par le sérum pendant cinq et dix heures furent ensuite ensemencés dans du bouillon glycériné. J'ai vu de telles cultures être plus abondantes que des cultures témoins. La richesse plus grande des cultures de bacilles ayant subi l'agglutination s'est effacée au bout de dix jours. Après vingt-quatre heures de contact, l'action favorisante de l'agglutination sur la végétabilité du bacille s'affaiblit légèrement.

La même action favorisante s'est rencontrée pour des bacilles agglutinés, puis débarrassés du sérum par centrifugation, lavés et ensemencés après cinq, dix et vingt-quatre heures de contact.

J'ajoute que les cultures homogènes, où se trouvaient diluées des traces de sérum, ont poussé en grumeaux, l'agglutination s'étant produite.

Je n'ai observé *aucune bactériolyse,* soit sur des bacilles provenant d'un milieu solide, soit sur des cultures homogènes, après un contact de vingt-quatre heures avec mon sérum antitoxique.

Il n'en est pas toujours ainsi, puisque Karwacki a pu mettre en évidence les corps spécifiques bactériolytiques contenus dans le sérum de Maragliano. D'après lui, des bacilles délayés dans du sérum antituberculeux puis additionnés de sérum de lapin normal, ne présentaient aucunes modifications au bout de vingt-quatre et quarante-huit heures d'étuve.

Pensant que la résistance spéciale du bacille tuberculeux pouvait exiger un contact plus long avec le sérum pour arriver à la bactériolyse, Karwacki a maintenu l'émulsion pendant trois semaines à l'étuve. Les bacilles, inclus alors pendant vingt-heures en sac de collodion dans le péritoine du lapin, ont donné des cultures stériles. Leur inoculation n'a été suivie d'aucune tuberculose. Leur bactériolyse très nette se trahissait par une altération granuleuse et une réaction colorante typique en bleu rose par le réactif de Ziehl-Gabett.

A signaler que ce sérum si bactéricide était, au dire de l'auteur, dépourvu de tout pouvoir agglutinant. Les bacilles traités comparativement avec du sérum normal de cheval n'ont pas été modifiés.

Les effets bactéricides et bactériolytiques des sérums antituberculeux sont donc très variables. Bactéricidité et bactériolyse peuvent ne pas se produire simultanément. Le pouvoir agglutinant d'un sérum peut être indépendant de ses propriétés lysogènes.

In vivo *le pouvoir antituberculeux et bactériolytique du sérum donné préventivement ou curativement* s'est montré très irrégulier.

Maragliano a injecté dans le péritoine du cobaye un mélange de bacilles et de sérum, préparé depuis un laps de temps variable. Les cobayes, inoculés avec les bacilles restés vingt jours dans le sérum, ont survécu pour la plupart. Le taux de la mortalité croissait en raison inverse de la durée du contact des microbes avec le sérum.

Maragliano n'a pu que très rarement parvenir à guérir chez le cobaye la tuberculose expérimentale. Il n'en a que ralenti l'évolution. Par contre, il a enrayé la marche de la maladie chez 5o pour 100 des lapins traités par des injections de sérum. Il faut peut-être attribuer, ainsi que le dit Maragliano, l'insuccès du sérum dans le premier cas à la susceptibilité toute particulière du cochon d'Inde à la tuberculose.

Néanmoins, *in vivo*, le sérum exerce une action spécifique sur le bacille. Maragliano, injectant dans le péritoine du cobaye une quantité déterminée de culture virulente active mélangée à du sérum spécifique, a constaté qu'après vingt-quatre à trente-six heures quelques gouttes de la sérosité péritonéale chargée de bacilles ne peuvent tuberculiser un cobaye sain; cette sérosité ensemencée ne donne aucune culture.

Sciallero a décrit des *modifications de la forme* (dégénérescence granuleuse, fragmentation, incurvation exagérée, etc.) *et de la colorabilité* sur des bacilles prélevés dans des ulcères tuberculeux développés sur des sujets immunisés et traités par la méthode spécifique antituberculeuse.

Figari et Marzagalli ont étudié le pouvoir d'un sérum spécialement préparé, faiblement antitoxique, mais très fortement bactéricide.

Après vingt-quatre heures d'émulsion dans ce sérum, les bacilles inoculés par la voie veineuse n'ont pu infecter des lapins alors qu'auparavant ils tuaient les témoins en vingt jours. Le mélange fait au moment de l'injection est aussi dépourvu de virulence.

L'injection de ce sérum antibacillaire et de bacilles dans le péritoine du lapin a empêché le développement d'une tuberculose séreuse.

Au point de vue préventif, ce sérum antibacillaire s'est montré efficace à la dose totale de 5 centimètres cubes et de 7 centimètres cubes chez le lapin et de 3 centimètres cubes chez le cobaye.

Figari et Marzagalli ont enfin vérifié le pouvoir curateur de ce produit dans divers cas de tuberculose expérimentale en évolution et chez deux singes spontanément tuberculeux.

Les sérums antituberculeux utilisés *dans toutes ces expériences* étaient donc *très nettement préventifs et curateurs.*

Des recherches de même ordre ont été entreprises à Varsovie par Karwacki avec du sérum antituberculeux de l'Institut de Gênes. L'auteur a inoculé sous la peau et dans le péritoine du cobaye des bacilles virulents, puis injecté, dès le premier jour, du sérum à la dose de o,o5 pour 100 du poids du corps. Cette dose est répétée par la suite tous les deux jours.

La survie moyenne des cobayes traités a été de vingt et un jours et demi ; celle des témoins de vingt-sept jours et demi Les lésions tuberculeuses foisonnaient chez les témoins et faisaient complètement défaut chez les cobayes traités par le sérum.

Dans une deuxième série d'expériences, Karwacki a commencé le traitement sérothérapique une semaine après l'infection bacillaire. Les cobayes, traités par le sérum à la dose de 0,15 pour 100 du poids du corps, sont morts cinq jours après le début de la sérothérapie, alors qu'ont survécu respectivement neuf et treize jours ceux traités à la dose de 0,1 pour 100 et 0,05 pour 100. Les lésions tuberculeuses avaient eu le temps de se développer avant l'administration du sérum.

Karwacki attribue la mort des animaux traités à l'empoisonnement causé par les protéines et les substances issues de la bactériolyse des bacilles sous l'influence du sérum. Il conclut que le sérum contient des ambocepteurs spécifiques et provoque dans l'organisme animal une bactériolyse des bacilles tuberculeux. *Le sérum injecté en même temps que des bacilles protège contre la tuberculose anatomique mais non contre l'intoxication par la protéine. Il agit défavorablement dans la tuberculose en évolution.*

Je me demande si, au mécanisme de la mort invoqué ici, on ne devrait pas *ajouter la notion de la toxicité propre du sérum pour le sujet traité.* Les propriétés toxiques et hémolytiques du sérum sanguin d'une espèce animale vis-à-vis des animaux d'une autre espèce sont aujourd'hui formellement prouvées.

Je ferai remarquer que Karwacki a employé de fortes doses infectantes. De son propre aveu, les résultats auraient peut-être été favorables avec des bacilles moins virulents. Il a, en effet, sauvé un cobaye inoculé avec des bacilles affaiblis en lui injectant deux fois du sérum dans la propotion de 0,05 pour 100 de son poids.

On pourrait rapporter en grand nombre les travaux où la sérothérapie antituberculeuse préventive ou curative s'est montrée victorieuse d'une tuberculose expérimentale. Mais à ce groupe de faits positifs, il serait singulièrement facile d'opposer un bloc, non moins important, de cas où le sérum a été impuissant.

En réalité, les résultats ne sont pas aussi nettement tranchés. Il existe entre les extrêmes une chaîne ininterrompue de faits intermédiaires où l'on note des discordances encore inexpliquées entre l'état général et les lésions anatomiques des sujets traités.

Je résume maintenant mes *expériences personnelles.*
Que sont devenus au point de vue de la *réceptivité à la tuberculose* tous *les animaux producteurs de sérums antitoxiques et agglutinants* qui ont été préparés par S. Arloing et L. Guinard, et par moi-même ?

Tous sont restés parfaitement tuberculisables, mais pourtant tous ont été moins susceptibles que les témoins de même espèce. Une plus longue survie avec un meilleur état général, des lésions anatomiques tuberculeuses moins étendues ont été la part des sujets imprégnés de bacilles tuberculeux sous la peau ou de tuberculine.

Parmi les chèvres inoculées avec des substances médicamenteuses, la plus tuberculisable a été la chèvre imprégnée de gaïacol, puis la chèvre imprégnée de sublimé ; les autres viennent sur le même rang. A noter cependant une évolution fibreuse remarquable des lésions développées chez la chèvre préparée avec l'acide arsénieux.

Je crois bon de remarquer que peut-être on a interrogé trop brutalement l'immunisation de tous ces animaux; des bacilles très virulents et à forte dose leur furent, en effet, inoculés dans les veines.

J'ai recherché l'*influence d'un sérum antituberculeux* provenant d'une chèvre ayant longtemps reçu des cultures sous la peau *sur la virulence du bacille de Koch*. J'ai prélevé des bacilles ayant poussé sur pomme de terre et les ai fait séjourner pendant vingt-quatre heures dans du sérum ou du bouillon, avant de les injecter comparativement à deux lots de cobayes.

Les cobayes inoculés à la cuisse avec deux gouttes d'émulsion dans du bouillon, présentaient, au point d'inoculation, des accidents locaux accusés (abcès, nécrobiose et ulcérations). Les lésions viscérales étaient étendues.

Les cobayes inoculés à la cuisse avec deux gouttes de l'émulsion dans du sérum antituberculeux ont été sacrifiés au bout de deux mois, en même temps que ceux du lot précédent. Au point d'inoculation, pas d'accidents locaux; par contre, lésions viscérales extrêmement avancées et très confluentes.

Deux séries identiques ont été faites sur des lapins. Ceux injectés avec une émulsion de bacilles dans du sérum n'avaient aucun accident local, mais les organes étaient tuberculisés autant, sinon plus, que chez les lapins ayant eu des bacilles dilués dans du bouillon.

En conséquence, ce sérum antituberculeux *semble avoir favorisé l'infection viscérale ou bien exalté la virulence du bacille de Koch*. Il a néanmoins enrayé le développement des accidents locaux au niveau du point d'introduction du mélange de sérum et de virus.

Toutes les expériences que j'ai rapportées jusqu'à présent, ont été faites avec des bacilles développés sur milieux solides. Je me suis demandé si le sérum ne serait pas plus actif opposé au bacille de Koch, en cultures liquides homogènes.

On peut résumer ainsi les caractères de la tuberculose septicémique ou infectieuse que produit ce bacille.

Après inoculation sous-cutanée au lapin, les bacilles s'épuisent en un effet local entraînant l'induration du tissu conjonctif et parfois de petits foyers de ramollissement.

Après injection intra-veineuse de 1 centimètre cube, ils causent la mort dans un délai de trente-cinq à quarante-cinq jours environ, provoquant un amaigrissement considérable, une hypertrophie de la rate, des altérations diffuses du foie, mais pas de tubercules apparents. Injectés dans le péritoine, ils permettent une longue survie des sujets et déterminent des tubercules épiploïques.

Ces détails me dispenseront d'insister sur la description des lésions présentées par des lapins inoculés dans la plèvre et dans le péritoine, avec 1 centimètre cube de culture homogène additionnée de 2 centimètres cubes de sérum.

Il me suffira de dire que tous les sujets, sauf un qui semblait marcher vers la guérison, ont offert des lésions plus étendues qu'à l'ordinaire. Le sérum paraît, en conséquence, avoir exercé une *action favorisante sur l'infection par le bacille de Koch, pris dans des cultures homogènes.*

Réussirait-on à entraver l'infection, si le mélange de sérum et de bacilles, au lieu d'être inoculé dans les *séreuses*, était introduit dans l'organisme par la *voie sanguine ou conjonctive?* Pas davantage; quelquefois même, la tuberculisation a été *renforcée* par l'adjonction du sérum.

Le pouvoir *curatif* du sérum antituberculeux s'est donc ici montré en défaut.

J'ai pu constater qu'au point de vue *préventif*, inoculé à maintes reprises dans le tissu conjonctif, de manière à réaliser une imprégnation de l'animal, le sérum n'a *pas été plus efficace.*

Si j'ai échoué à mettre en évidence l'action défensive du sérum, dans des formes de tuberculose septicémique ou dans des tuberculoses à marche chronique, je dois dire que Marzagalli a démontré que le sérum de Maragliano injecté en même temps que les bacilles, dans le péritoine du cobaye, s'oppose à la mort rapide par toxémie et transforme le décours de la maladie en une infection mortelle à marche lente.

Diverses particularités de l'étude des sérums antituberculeux (phénomènes de bactériolyse, modifications des accidents locaux au point d'introduction des bacilles, etc.) m'ont incité à rechercher systématiquement si ces sérums possédaient le *pouvoir*, apanage ordinaire des sérums thérapeutiques, *de réveiller l'activité des agents défensifs de l'organisme, en l'espèce les leucocytes.*

Dans cet ordre d'idées, je me suis préoccupé de savoir si le sérum antituberculeux fourni par une chèvre immunisée avec des bacilles donnés sous la peau jouissait de l'aptitude à surexciter les mouvements amiboïdes des globules blancs et à exalter chez eux l'action phagocytaire.

A cet effet, j'ai placé aseptiquement pendant vingt-quatre heures dans la cavité péritonéale du lapin, des sacs en baudruche remplis de *divers sérums* pour *comparer leurs pouvoirs chimiotaxiques.*

Le sérum de chèvre normale a appelé, par millimètre cube, une moyenne de 55 leucocytes; le sérum antituberculeux, inefficace à protéger contre l'inoculation du bacille de Koch, attirait pourtant en moyenne 530 leucocytes (dans un cas jusqu'à 680 globules blancs).

Le sérum est donc doué d'une *chimiotaxie positive* douze fois plus forte que celle du sérum normal.

Pour élargir ces observations, j'ai étudié de la même manière le sérum d'une vache saine, celui d'une vache très tuberculeuse et enfin celui d'une vache préparée par des inoculations sous-cutanées de bacilles. Le sérum de la vache atteinte d'une tuberculose spontanée très avancée a attiré vingt-cinq fois plus de leucocytes (en moyenne 446 par millimètre cube) que le sérum de la vache saine (18 leucocytes) et le sérum antituberculeux cinq fois plus que celui de la vache très tuberculeuse (2.332 globules blancs par millimètre cube).

J'ai également comparé le sérum d'une chèvre normale à celui d'une autre chèvre ayant reçu, ainsi qu'il a été dit plus haut, de nombreuses injections de suc filtré de lésions tuberculeuses naturelles du bœuf. Ce dernier sérum avait également un pouvoir chimiotaxique positif plus élevé que celui du sérum de l'animal vierge.

Dans diverses expériences, j'ai noté un *rapport direct entre l'intensité*

du pouvoir chimiotaxique et celle du pouvoir antitoxique des sérums.
Il existe aussi une *relation entre le pouvoir chimiotaxique et le pouvoir
agglutinant* d'un sérum antituberculeux. Ces deux pouvoirs s'élèvent
simultanément.

. Restait à savoir si les *diverses sortes de leucocytes* attirés dans les sacs
de baudruche s'y trouvent dans les mêmes proportions que dans le sang
normal. Leur *rapport réciproque* est influencé dans une large mesure
par le pouvoir agglutinant du sérum. Le sérum le plus agglutinant et qui,
en général, est le plus chimiotaxique, appelle aussi le plus grand nombre
de polynucléaires. Par exemple, un sérum dont le pouvoir agglutinant
égale $1/20^e$ est capable d'attirer 3o leucocytes par millimètre cube, dont
6o pour 100 de polynucléaires; un sérum agglutinant à $1/80^e$ appelle
579 leucocytes dont 93 polynucléaires pour 100.

Y aurait-il dans ces sérums si chimiotaxiques une sorte de sensibilisa-
trice capable de surexciter de façon élective vis-à-vis des bacilles de Koch
l'activité phagocytaire des leucocytes attirés? Je me suis posé cette question ; je ne peux y répondre définitivement, n'ayant pas fait des observations assez nombreuses. Ce que j'ai vu, pourtant, me porterait à conclure
par l'affirmative comme le laissaient soupçonner les lois générales de
l'immunité et de la phagocytose. Mais cela réclame encore des preuves
expérimentales plus nombreuses.

. On peut également se demander si les sérums obtenus par la réaction
à des corps bacillaires, à l'exclusion de tout agent toxique excitateur,
n'amènent pas une phagocytose plus énergique des bacilles dans l'économie que les sérums produits sous l'influence de tuberculines variées.

. D'après Marzagalli et Figari, l'injection préventive d'une dose toxique
mortelle de tuberculine neutralisée par du sérum antitoxique produit une
leucocytose durable et une intense phagocytose.

*
* *

. Tels sont, très résumés, les faits les plus saillants, souvent opposés en
apparence, toujours intéressants en réalité, ayant trait à l'étude critique
de la sérothérapie antituberculeuse expérimentale.

Les contradictions n'ont pas été moins vives sur le terrain de la *sérothérapie clinique*.

Je ne puis songer à prendre parti dans la question de juger définitivement de l'adoption ou de la proscription du sérum dans la cure de la
tuberculose. Je renvoie à l'examen détaillé des documents cliniques
publiés par les partisans ou les contempteurs de la méthode, ceux qui
désirent se prononcer en toute connaissance de cause.

Je déclare pourtant — et les nombreuses observations que j'ai pu
dépouiller personnellement à la clinique de Gênes m'y encouragent —
qu'en l'état présent de la question de l'immunisation contre la tuberculose, la possibilité de transmettre, grâce au sérum, une immunisation
passive, même légère et incomplète, est un facteur de guérison dont il
serait regrettable de se priver volontairement?

. Evidemment, pour profiter entièrement des *bons effets thérapeutiques*
du sérum, il faut rencontrer des cas appropriés (tuberculose au début,
état général de l'individu lui permettant de réagir sous l'influence du

sérum, etc.), mais en dehors de ces conditions optima, la sérothérapie me paraît encore comporter de larges indications que le praticien devra apprendre à discerner.

Je la comprends non comme le seul et unique moyen thérapeutique en qui le tuberculeux doive placer tout son espoir, mais comme un *adjuvant précieux* des autres méthodes phtisiothérapiques. Les exagérations de quelques-uns, s'efforçant de détrôner à son profit tous les autres procédés de guérison de la tuberculose, ont peut-être donné plus d'acuité à la lutte entreprise pour faire acquérir droit de cité à la sérothérapie.

Théoriquement, on pourrait douter de la possibilité du traitement de la tuberculose par une antitoxine, puisque l'immunité acquise naturellement au cours de cette maladie est bien exceptionnelle. De plus, l'immunisation passive par un sérum spécifique est essentiellement passagère. Elle subsiste tant que le sérum antitoxique circule dans l'économie et défaille aussitôt que l'antitoxine disparaît du milieu intérieur. Enfin, la maladie tuberculeuse n'est pas réductible à de seuls phénomènes toxiques, comme certains cas de diphtérie ou le tétanos, par exemple. Dans la tuberculose, le bacille, avec sa structure particulière le rendant si invulnérable, occupe le haut de la scène pathologique ; le virus l'emporte sur la toxine.

Pourtant n'est-ce pas déjà un résultat précieux que de pouvoir, au cours d'une maladie infectieuse à évolution aussi lente débarrasser l'organisme d'une partie des agents toxiques qui le minent et lui permettre ainsi de faire face à d'autres attaques ? L'apparition de l'antitoxicité dans le sang du sujet traité par le sérum, ainsi que le développement et l'élévation progressive du pouvoir agglutinant de ses humeurs témoignent de modifications intimes profondes et très importantes, puisque dans le processus naturel de guérison de la tuberculose on voit s'esquisser ces mêmes réactions antitoxiques et agglutinantes. L'administration du sérum, ne faisant que les renforcer, est, par conséquent, utile.

Ce que j'ai dit du pouvoir chimiotaxique de ces sérums antituberculeux, les phénomènes de bactériolyse et les guérisons expérimentales rapportées par d'autres auteurs, tous ces faits positifs contre lesquels, il est vrai, se dressent, sans pouvoir les effacer, des résultats négatifs, plaident nettement en faveur de cette méthode d'immunisation passive, malgré les reproches qu'on peut lui adresser.

Le zèle des chercheurs ne doit pas se refroidir et le découragement les abattre, car, sans préjuger de l'évolution ultérieure de l'immunisation active contre la tuberculose, je crois l'immunisation passive appelée à jouer encore à ce moment un rôle utile, ne serait-ce que pour aider à franchir certaines périodes dangereuses de la vaccination antituberculeuse.

En somme, je concluerai que *l'emploi d'un sérum spécifique antitoxique est le seul moyen que nous possédions actuellement de conférer sans danger un certain degré d'immunité vis-à-vis de la tuberculose.* Cette immunité n'est qu'une immunité passive, c'est-à-dire insuffisante. Elle devra céder le pas à l'immunisation active, le jour où de patients efforts, l'ayant fait sortir du domaine expérimental, lui auront ouvert le vaste champ des applications pratiques.

*
* *

Dans ce rapport, j'ai employé constamment les mots de *sérum antituberculeux*. Je me suis conformé à cette appellation consacrée par l'usage. Il me paraît avoir été mal inspiré, en l'espèce, car ce vocable ferait croire à un pouvoir antibacillaire certain du sérum. Or, de tous les effets, c'est justement cette action antibacillaire qui est la plus inconstante et la plus contestée. Il n'en est pas de même du pouvoir antitoxique qui, à lui seul, je l'ai dit, domine l'histoire de cette branche de la sérothérapie.

S. Arloing a proposé, il y a quelques années, comme répondant mieux aux faits, le nom de « SÉRUM ANTITUBERCULINEUX ». Plusieurs auteurs ont adopté ce terme. Je m'y rallie sans réserve. Il me semble *désirable de le voir adopter*.

*
* *

Si l'Immunisation passive par la sérothérapie antituberculeuse appartient déjà presque au passé, en raison de la marche incessante du progrès, l'*Immunisation active* avec tous ses espoirs, fait pour ainsi dire partie du domaine scientifique du présent.

Il s'agit ici d'une immunisation obtenue par l'injection à un individu de bacilles tuberculeux produisant directement des substances spécifiques ou entraînant, par réaction, le développement de ces substances. C'est une immunisation isopathique, une véritable vaccination.

Le *problème de la vaccination antituberculeuse* consiste donc à faire supporter à un sujet des injections de bacilles de virulence atténuée, sans créer de foyers tuberculeux dangereux, puis, en augmentant la dose ou bien la virulence des bacilles, à parvenir progressivement à le rendre réfractaire à une injection de bacilles virulents, dont les effets tuberculigènes sont constatés sur un animal témoin.

Cette gamme de virulence des bacilles de Koch utilisée en pareil cas, aujourd'hui admise couramment, fut vivement combattue lorsqu'on émit l'idée de son existence.

Il m'est particulièrement agréable de rappeler que, le premier — il y a plus de vingt ans — S. Arloing introduisit dans la science la *notion de la variabilité de la virulence tuberculeuse et de l'atténuation naturelle du virus dans certaines lésions de la tuberculose humaine*. C'était là la clé de la vaccination contre la tuberculose.

Acceptée pour d'autres microbes pathogènes, cette atténuation était niée dans le cas particulier.

S. Arloing a démontré, au moyen de l'inoculation comparative et en série au lapin et au cobaye, que les bacilles provenant de lésions de la tuberculose dite chirurgicale et de lésions scrofuleuses jouissaient ordinairement d'une virulence atténuée, relativement au virus habituel de la tuberculose viscérale.

J'ajouterai qu'en 1898, S. Arloing a modifié les propriétés virulentes et pathogènes du bacille ordinaire de l'homme en l'accoutumant à végéter dans la profondeur du bouillon. Il a obtenu ainsi une variété indéfiniment transmissible dont le pouvoir pathogène la rapproche de la variété aviaire. Tout récemment (18 juin 1906), il annonçait à l'Académie des

Sciences qu'il en avait tiré une sous-variété en l'obligeant à végéter dans des conditions particulières, et qu'il possédait des spécimens de tuberculose naturellement affaiblis se propageant dans les cultures avec la même activité. Ces bacilles provoquent une réaction défensive évidente, mais ils sont facilement résorbables et ne peuvent à certaines doses édifier des lésions tuberculeuses. Ce sont là de vrais *vaccins antituberculeux*.

Les observations de Th. Smith sur le bacille de l'homme et du bœuf, exagérées par R. Koch et Schütz, suscitèrent de très nombreuses recherches dont la conséquence fut de montrer la variabilité dans tous les groupes de bacilles de la tuberculose, constitués plus ou moins artificiellement par les auteurs.

La variabilité de la virulence une fois admise de tous côtés, les expérimentateurs se mirent en quête de souches de tuberculose dont l'ensemble formait une *échelle de virulence depuis le bacille le moins tuberculigène jusqu'au plus actif*.

Les bacilles humains et bovins, les bacilles aviaires, ceux des animaux à sang-froid (tortue, orvet et carpe) furent utilisés dans les tentatives de vaccination préventive ou curative.

Malgré la démonstration fournie par plusieurs expérimentateurs de la réinoculabilité de la tuberculose, Marfan n'a pas hésité, en 1886, à avancer que les malades *complètement* guéris d'une forme donnée de tuberculose chirurgicale (écrouelles, lupus) échappaient ensuite assez souvent à la tuberculose pulmonaire.

C'était peut-être la première fois que l'on affirmait l'immunisation de l'homme après une atteinte de tuberculose. On ne manquera pas d'observer que Marfan rattachait étroitement l'immunité à la guérison complète de la tuberculose antérieure.

Obtiendrait-on artificiellement pareil résultat ?

Des expérimentateurs, dans tous les pays, se sont mis à cette recherche. Je n'entreprendrai pas de les citer tous ni d'exposer leurs tentatives, parmi lesquelles plus d'une n'était pas encourageante.

Je commencerai immédiatement par von Behring, car le savant bactériologiste de Marbourg est le premier qui, en 1901, ait annoncé formellement la possibilité de vacciner le bœuf contre la tuberculose.

Son vaccin, expérimenté de divers côtés sous le nom de *bovo-vaccin*, est formé de bacilles humains peu virulents, séchés et réduits en poudre, que l'on injecte dans les veines, après les avoir émulsionnés avec soin dans l'eau stérilisée.

La vaccination s'obtient par deux injections intraveineuses faites à deux à trois mois d'intervalle. La première injection introduit 4 milligrammes de bacilles desséchés ; la seconde, une dose cinq fois plus forte.

Si les vaccinés n'ont pas subi de contacts suspects dans l'intervalle des injections, quelques mois après la seconde inoculation ils ont acquis une forte immunité relative qui leur permet de supporter, pour la plupart, une épreuve sévère par inoculation ou par cohabitation avec des tuberculeux.

En France, la démonstration entreprise à Melun par la Société de médecine vétérinaire pratique, sous la direction de Rossignol et Vallée, en 1904-1905, a donné des résultats très satisfaisants. Appliquée sur une vaste échelle, dans de grandes exploitations agricoles, la *bovo-vaccination de Behring* a fait diminuer considérablement le nombre des animaux qui contractaient la tuberculose en séjournant dans ces exploitations.

Dès l'année 1902, S. Arloing entreprit de son côté des expériences de bovo-vaccination. Il possédait plusieurs échantillons de bacilles humains inégalement virulents. De plus, convaincu que les bacilles humains et les bacilles du bœuf sont de simples variétés d'une même souche, il devait donc espérer qu'il vaccinerait le bœuf avec des bacilles humains naturellement affaiblis.

Les premiers résultats, annoncés à l'ouverture de l'expérience de Melun, en 1904, lui donnaient la conviction que les affirmations de Behring étaient exactes et que le principe de la vaccination antituberculeuse du bœuf était trouvé.

Depuis lors, il a continué ses essais, chaque année, en employant d'autres bacilles humains ou bovins, naturellement ou artificiellement modifiés Il a parfaitement réussi, par des inoculations intra-veineuses et même sous-cutanées, à doter des veaux d'une résistance considérable et même d'une immunité complète, cliniquement parlant, contre une dose déterminée de bacilles très virulents.

De sorte qu'au Congrès de la tuberculose, tenu à Paris en 1905, S. Arloing déclarait *qu'avec des bacilles atténués*, convenablement choisis, d'*origine humaine et bovine, on pouvait vacciner les jeunes veaux* et qu'il était possible à chaque bactériologiste de préparer des vaccins et d'en régler le mode d'emploi.

Effectivement, des bacilles divers jouent le même rôle. Koch et Schütz ont annoncé, en 1905, qu'ils préparaient un bovo-vaccin avec des bacilles humains.

Vallée disait qu'il créait l'immunité antituberculeuse en partant d'un bacille de la tuberculose équine. Lignières a créé aussi l'immunité avec divers bacilles de mammifères, et très imparfaitement avec le bacille des oiseaux. Friedmann aurait vacciné des cobayes et des bœufs avec le bacille de la tortue, Moeller avec le bacille de l'orvet, et Klimmer avec un bacille modifié par son passage sur la carpe.

A part quelques rares tentatives, comme celles de Moeller, la vaccination active n'a pas été faite chez l'homme. On comprend cette conduite prudente.

Il ne faut pas oublier que la vaccination isopathique, avec les bacilles plus ou moins modifiés de la maladie que l'on se propose d'éviter, est toujours exposée à *deux sortes d'imperfections.* Ou bien les bacilles atténués dépassent le but sur des sujets particulièrement susceptibles et ne se bornent pas à produire une maladie avortée ; ou bien, pour une cause indéterminée, ne créent pas d'immunité ou procurent une immunité insuffisante.

Examinées sous ce point de vue, les vaccinations faites avec le bovo-vaccin n'échappent pas à la règle générale.

Néanmoins, appliquées sur les animaux, où le côté économique est seul en cause, les vaccinations donnent un résultat très satisfaisant, malgré les imperfections légères et inévitables qu'on peut leur reprocher.

Les efforts actuels doivent tendre à faire disparaître ces imperfections le plus possible.

Mais, lorsqu'il s'agit d'une application à l'homme, on ne peut passer sur ces défauts. De là les hésitations à vacciner activement notre espèce et le nombre restreint des tentatives, fort discutées d'ailleurs, de bactériothérapie tuberculeuse et d'inoculation par diverses voies de bacilles tuberculeux variés, seuls ou associés à de l'antitoxine, dans un but curateur.

Aussi attend-on impatiemment la réalisation des espérances que von Behring faisait entrevoir au dernier Congrès de la tuberculose.

L'éminent professeur affirmait qu'il avait obtenu des bacilles de la tuberculose une substance (TC) qui, transformée par l'organisme, devient une substance nouvelle (TX) douée de propriétés immunisantes et curatives.

Dans la suite de ses travaux, il a remplacé la TC par une préparation nouvelle, désignée sous le nom de « *Tuberculase* », et enfin celle-ci par une autre appelée « *Tulase* ».

Tuberculase et Tulase seraient pourvues de qualités révélatrices, immunisantes et curatives, et pourraient être appliquées à l'homme dans des conditions qui restent à préciser.

On sait que, sur tous les terrains, von Behring s'est assuré le contrôle de personnes expérimentées. S. Arloing, Metchnikoff, Vallée, en France, sont associés à ses travaux.

Souhaitons qu'à la date annoncée, ou à peu près, les espoirs exprimés à Paris seront réalisés et que la Science aura livré à l'Humanité un moyen spécifique de prévenir et de combattre le plus grand des fléaux qu'elle ait à supporter.

Lyon, — Imp. A. Rey et Cie — 42857